まちごとインド

South India 007 Tiruchirappalli
ティルチラパッリ
ロック・フォートと「シュリーランガム」

திருச்சிராப்பள்ளி

Asia City Guide Production

【白地図】南インド

INDIA
南インド

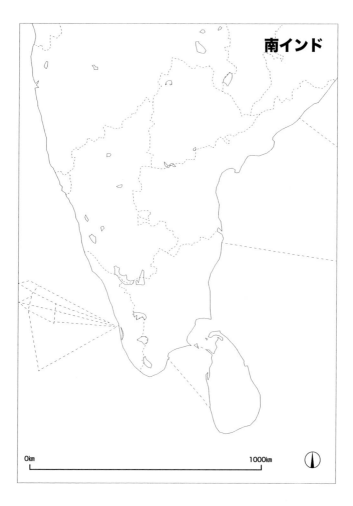

【白地図】タミルナードゥ州

INDIA
南インド

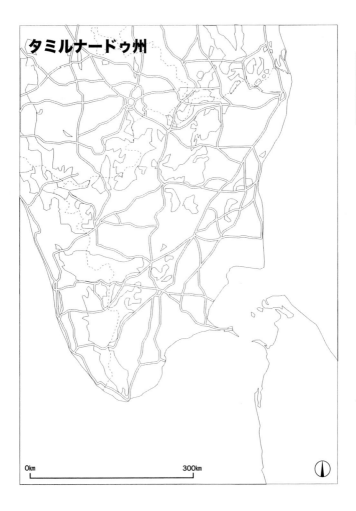

【白地図】ティルチラパッリ

INDIA
南インド

ティルチラパッリ

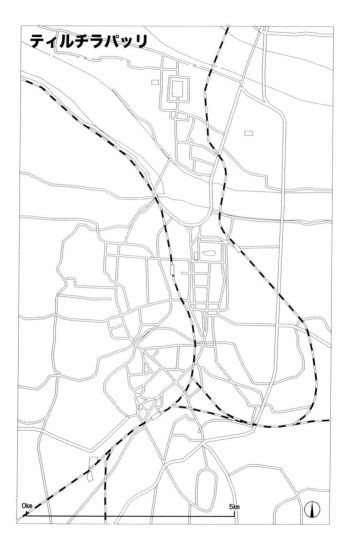

Tiruchirappalli 白地図

【白地図】ロックフォート

INDIA
南インド

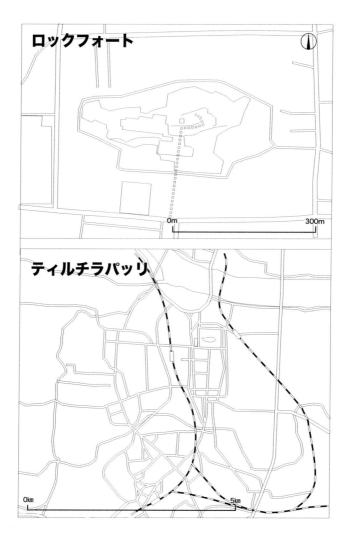

【白地図】旧市街

INDIA
南インド

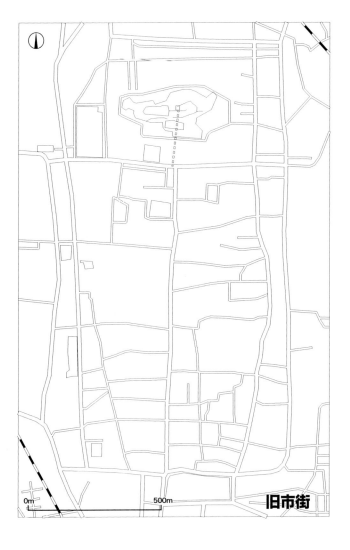

【白地図】新市街

INDIA
南インド

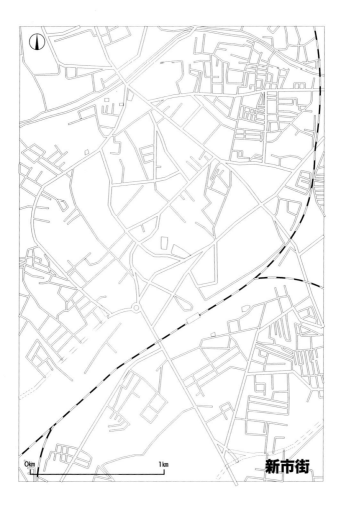

Tiruchirappalli 白地図

新市街

【白地図】シュリーランガム

INDIA
南インド

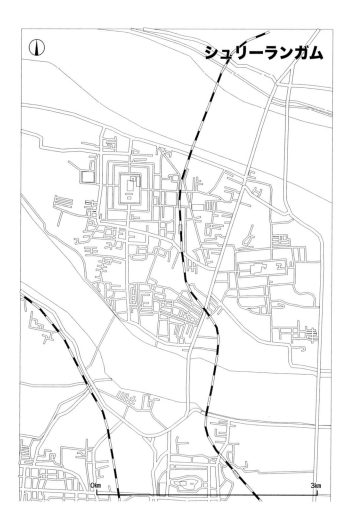
シュリーランガム

Tiruchirappalli　白地図

【白地図】ランガナータ寺院

INDIA
南インド

ランガナータ寺院

Tiruchirappalli 白地図

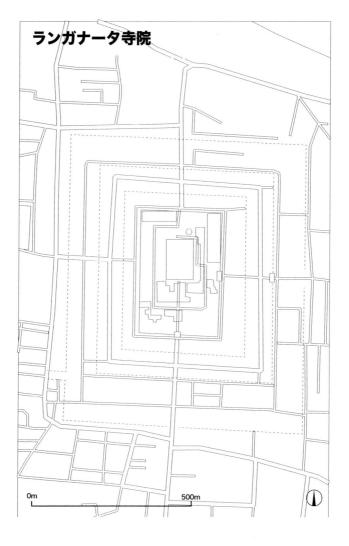

0m 500m

【白地図】カーヴェリー河

INDIA
南インド

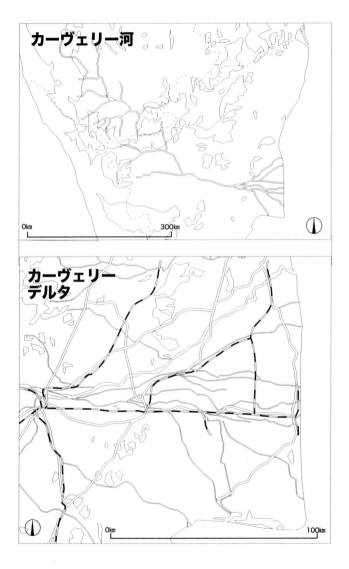

【白地図】ティルチラパッリ郊外

INDIA
南インド

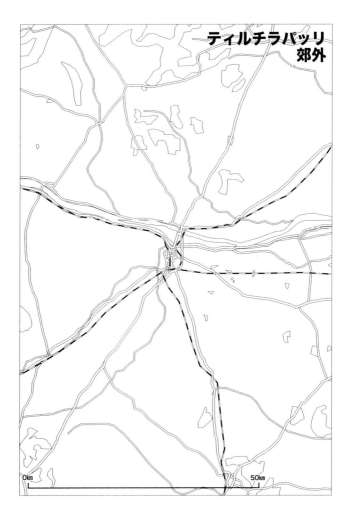

ティルチラパッリ
郊外

Tiruchirappalli 白地図

【まちごとインド】

南インド 001 はじめてのタミルナードゥ

南インド 002 チェンナイ

南インド 003 カーンチプラム

南インド 004 マハーバリプラム

南インド 005 タンジャヴール

南インド 006 クンバコナムとカーヴェリー・デルタ

南インド 007 ティルチラパッリ

南インド 008 マドゥライ

南インド 009 ラーメシュワラム

南インド 010 カニャークマリ

INDIA
南インド

タミルナードゥ州のほぼ中央、カーヴェリー河の右岸に開けたティルチラパッリ。海岸部と丘陵部を結び、またデカンなど北の勢力と南側の勢力が衝突する接点として、2000年に渡ってタミル地方の核となってきた。

このティルチラパッリの中心にそびえるのが、巨大な花崗岩を利用した高さ93mのロック・フォートで、岩の麓から437段の階段をのぼると頂上にいたる。そこからは街の周囲に広がる水田、そして南インドを代表する聖地シュリーランガムの巨大なゴープラ（門塔）を見ることができる。

Tiruchirappalli
ティルチラパッリ

　紀元前後の古代チョーラ朝以来、ティルチラパッリにはドラヴィダ諸王朝の都がおかれ、近年、工業都市としての発展もいちじるしい。街の郊外には工業団地が築かれ、空路で東南アジアやインド各地と結ばれていることからタミルナードゥ州内陸部への足がかりになっている。

【まちごとインド】
南インド 007 ティルチラパッリ

目次

ティルチラパッリ………………………………………………xxii

タミルの各地へ続く要衝……………………………………xxx

ロックフォート鑑賞案内 ……………………………………xxxviii

ティルチ城市案内 ……………………………………………xlviii

シュリーランガム城市案内 …………………………………lxii

インド宇宙と熱烈信仰 ………………………………………lxxii

続シュリーランガム城市案内………………………………lxxviii

郊外城市案内 …………………………………………………lxxxii

城市のうつりかわり …………………………………………xcv

INDIA
南インド

【MEMO】

【地図】南インド

INDIA
南インド

【地図】タミルナードゥ州

タミルの各地へ続く要衝

INDIA 南インド

カーヴェリー河のほとりに発展したティルチラパッリ
チェンナイ、マドゥライ、コインバトールとならぶ
タミルナードゥ州の中核都市

タミルナードゥの要（かなめ）

ティルチラパッリはタミルナードゥ州北端部の州都チェンナイから330km、南端のカニャークマリから385kmの距離に位置する。この街を境に西の丘陵から東の平野へ、熱帯サバンナから海岸部のモンスーン地帯へ遷ることから、ティルチラパッリは「タミルのへそ」と言える要衝となってきた（年間降雨量は600〜900mmで、稲作を中心に畑作も行なわれる）。また街の郊外には豊かな流れをたたえるカーヴェリー河を分水する灌漑施設グランド・アニカットが残り、ティルチラパッリを頂点にして下流にカーヴェリー・デルタをつくる。

Tiruchirappalli タミルの各地へ続く要衝

インド最大の寺院都市シュリーランガム

ティルチラパッリの北を流れるカーヴェリー河中洲には、南インドにおけるヴィシュヌ派最高の聖地シュリーランガムが位置する。カーヴェリー河は「ダクシン・ガンガー（南のガンジス）」と呼ばれ、とくにヒンドゥー教では川の合流点や中洲は聖なる場所として信仰されてきた。このシュリーランガムはヴィシュヌ神がまつられたランガナータ寺院を中心に、時代を追うごとに寺域が拡大し、街を飲み込むように七重の周壁をめぐらせている。毎年、12～1月(タミル暦のマールガリ月）の祭りにはインド中から数百万と言われる巡礼者

▲左　ドラヴィダ式の門塔ゴープラが来訪者を迎える。　▲右　幾重もの周壁がはりめぐらされた寺院都市シュリーランガム

がこのシュリーランガムへ巡礼に訪れる。

ティルチラパッリの由来

ティルチラパッリの地名について、いくつかの由来が伝えられている。悪魔ラーヴァナの兄弟トリシラン（3つの顔をもつ者）がこの地で苦行して願いを成就したことに由来するというもの（「トリシランの街」）。3つにわかれた巨大な岩ロック・フォートからティルチラパッリの名前がとられたというものもある。19〜20世紀のイギリス統治時代にはトリチノポリと呼ばれ、また街名を略したティルチーという名称でも親しまれている。

【MEMO】

【地図】ティルチラパッリ

【地図】ティルチラパッリの [★★★]
- [ ] ロック・フォート Rock Fort
- [ ] シュリーランガム Srirangam
- [ ] ランガナータ・スワーミ寺院 Sri Ranganathaswamy Temple

【地図】ティルチラパッリの [★★☆]
- [ ] 旧市街 Old City
- [ ] カーヴェリー河 Kaveri River
- [ ] ジャンブケーシュワラ寺院 Jambukeswara Temple

【地図】ティルチラパッリの [★☆☆]
- [ ] ガンジー・マーケット Gandhi Market
- [ ] ウライユール Uraiyur
- [ ] ヴェッカーリ・アンマン寺院 Vekkali Amman Temple
- [ ] アイヤッパン寺院 Ayyappan Temple
- [ ] ナタルシャ廟 Natharsha Dargah

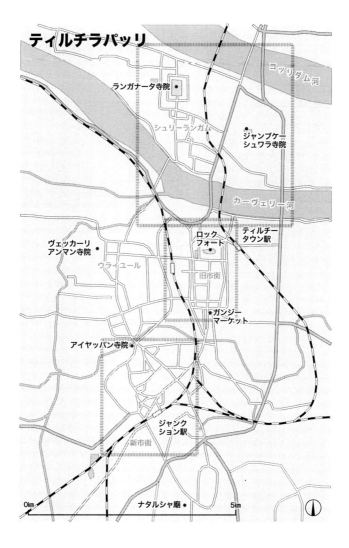

INDIA
南インド

▲左 ティルチラパッリはタミルナードゥ有数の大都市。 ▲右 ロック・フォートからのながめ

ティチラパッリの構成

ティルチラパッリの街は南北に長く広がっている。ロック・フォートの立つ旧市街を中心に、北側のカーヴェリー河中洲のシュリーランガムが宗教聖地で、ヴィシュヌ派のランガナータ寺院とシヴァ派のジャンプケーシュワラ寺院が立つ。一方、旧市街の南側が新市街となっていて、ジャンクション駅を中心にホテルやレストランがならぶ。街は2000年の伝統をもち、6〜8世紀のパッラヴァ朝、9〜13世紀のチョーラ朝時代の遺構も郊外に点在する。

Guide, Rock Fort
ロックフォート城市案内

南インド / INDIA

街の中央にそびえる巨大な岩山ロック・フォート
麓からは頂上へ続く階段が伸び
その両脇には花崗岩を繰り抜いた石窟寺院が残る

ロック・フォート Rock Fort [★★★]

ティルチラパッリの象徴でもある高さ83mのロック・フォート。岩山を利用した要塞跡で、麓から頂上まで437段の階段が続き、その両脇には石窟や寺院が残る（西側はシヴァ神をまつった祠堂となっている）。伝説では風神ヴァーユが風を起こし、大蛇アディセシァがメール山にとぐろを巻いて力くらべをしたとき、メール山から飛んできた巨大な岩のひとつだと伝えられる。17世紀、マドゥライ・ナーヤカ朝の拠点がおかれて要塞化され、以後、この地をめぐる南インド諸勢力のはげしい争奪戦が繰り広げられた。ロック・フォートと

▲左　街の中心にそびえるロック・フォート。　▲右　頂部からは素晴らしい景色が視界に入る

いう名称はこうした近代以後につけられたもので、タミル語では「マライコーッタイ（岩山の砦）」、また岩山の東麓からの眺めが牛に似ていることから「リシャヴァーチャラム（シヴァ神が乗る牛リシャバの山）」と呼ばれている。

ターユマーナスワーミ寺院
Taayumaanavar Koyil Shivastalam [★☆☆]

麓から頂上へ続く参道の途中に残るターユマーナスワーミ寺院。8世紀のパッラヴァ朝時代に岩山を繰り抜いて造営された石窟寺院で、ターユマーナスワーミとは「母にもなる神（シ

▲左 ラリータンクラ窟に描かれた文様と文字。　▲右 ロック・フォートの頂部に立つ鐘楼

ヴァ神)」を意味する。言い伝えでは、ティルチラパッリの娘が妊娠し、故郷の母親に立ち会ってもらうはずだったが、カーヴェリー河の増水でたどり着くことができなかった。それを知ったシヴァ神が母の姿になって娘の前に現れ、無事、子どもが生まれたという。

ラリータンクラ窟 Pallava Cave ［★☆☆］

ターユマーナスワーミ寺院からさらにのぼったところに残る7世紀前半の石窟寺院。パッラヴァ朝マヘンドラヴァルマン1世による造営で、正面9.4 m、奥行き4.8mの規模となっ

【MEMO】

【地図】ロックフォートの [★★★]
- [ ] ロック・フォート Rock Fort

【地図】ロックフォートの [★★☆]
- [ ] ウッチ・ピッライヤール寺院 Ucchi Pillayar Temple

【地図】ロックフォートの [★☆☆]
- [ ] ターユマーナスワーミ寺院 Taayumaanavar Koyil Shivastalam
- [ ] ラリータンクフ窟 Pallava Cave
- [ ] 鐘楼 Bell Tower
- [ ] テッパクラム・タンク Teppakulam Tank

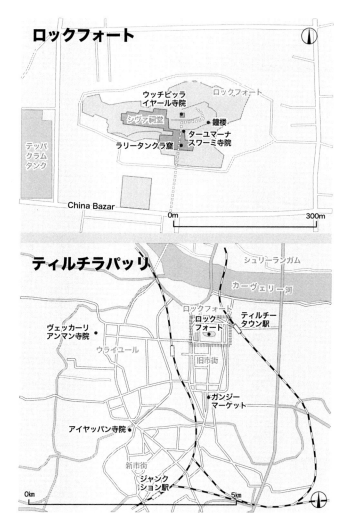

INDIA
南インド

ている(この時代、マハーバリプラムでも石窟寺院が開削されている)。窟内には列柱がならび、壁面にはパッラヴァ・グランタという文字が見られる。またロック・フォートの麓にはこの石窟より少し後代のパーンディヤ朝のものという石窟も残る。

鐘楼 Bell Tower [★☆☆]
ロック・フォートの頂上付近にそびえる鐘塔は1918年に建立された。鐘楼内部には、長さ1.5m、幅1.35m、重さ2.5tの大鐘が安置され、決められた時間に鳴らされる(ナガパッ

▲左 ガネーシャ神をまつるウッチ・ピッライヤール寺院。 ▲右 地上からロック・フォートを仰ぎ見る

ティヤムの鉄道工場でつくられたという)。そばには見晴らし台があって、北側にはシュリーランガムの門塔ゴープラが見える。

ウッチ・ピッライヤール寺院
Ucchi Pillayar Temple [★★☆]

ロックフォートの頂上に立つウッチ・ピッライヤール寺院。ガネーシャ神をまつる小さな祠堂で、ここを目指して多くの巡礼者が麓から訪れる。

南インド

シュリーランガムとウッチピッライヤール寺院

『ラーマーヤナ』にも描かれているヴィビーシャナ(ラーヴァナの弟)は、ラーマ王子に協力したため、ランガナータ像をあたえられた。ヴィビーシャナはその像を「スリランカに帰るまで、地面においてはならない」と言われたが、カーヴェリー河で沐浴するため、通りがかりのガネーシャ神に神像をあずけることにした。ガネーシャ神がうっかり像を地面におろしてしまうと、ランガナータ像は動かなくなり、シュリーランガムのランガナータ寺院になった。一方、約束を破ったガネーシャ神は、ヴィビーシャナの怒りを恐れてロック・フォートの頂上に逃れたのだという。

Guide, Tiruchirappalli
ティルチ
城市案内

INDIA
南インド

ロック・フォートを中心に
かつて城壁で囲まれていた旧市街
その南側に新市街がおかれ、街は拡大を続けている

旧市街 Old City [★★☆]

かつてのティルチラパッリ旧市街は周囲を城壁で囲まれ、現在も南側と西側に城門が残っている。ロック・フォートの南麓を東西に走るチャイナ・バザール、それと交差するようにビッグ・バザールが南北に走る。こうした街区は1670年にティルチラパッリがマドゥライ・ナーヤカ朝の第2の都がおかれて以来のものとなっている（マドゥライとタンジャヴール・ナーヤカ朝はティルチラパッリをめぐって争ったが、ともにヒンドゥー聖地シュリーランガムへの寄進はおこたらなかった）。

ラニー・マンガンマル・ミュージアム
Rani Mangammal District Museum ［★☆☆］

16世紀からムガル帝国に滅ぼされる18世紀のあいだ、ティルチラパッリにはマドゥライ・ナーヤカ朝の都がおかれていた（マドゥライがタンジャヴールを滅ぼした）。17世紀末、ナーヤカ朝の女王ラニー・マンガマルがティルチラパッリを統治し、北方のムガル帝国、デカンのマラータ勢力に対する最前線基地となっていた。ラニー・マンガンマル・ミュージアムは当時の宮廷跡で、現在は博物館になっている。

【地図】旧市街

【地図】旧市街の ［★★★］
- [ ] ロック・フォート Rock Fort

【地図】旧市街の ［★★☆］
- [ ] 旧市街 Old City
- [ ] 聖母ルルド教会 Lourde's Church

【地図】旧市街の ［★☆☆］
- [ ] ラニー・マンガンマル・ミュージアム Rani Mangammal District Museum
- [ ] ガンジー・マーケット Gandhi Market
- [ ] テッパクラム・タンク Teppakulam Tank

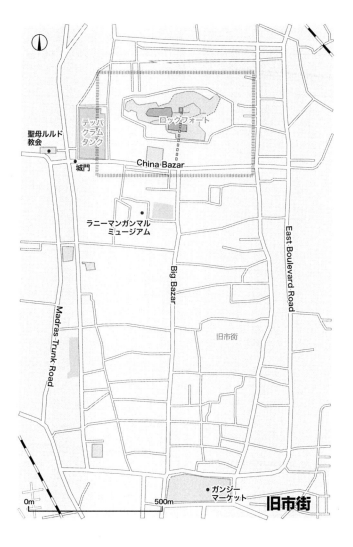

【地図】新市街

【地図】新市街の [★☆☆]
- [ ] アイヤッパン寺院 Ayyappan Temple

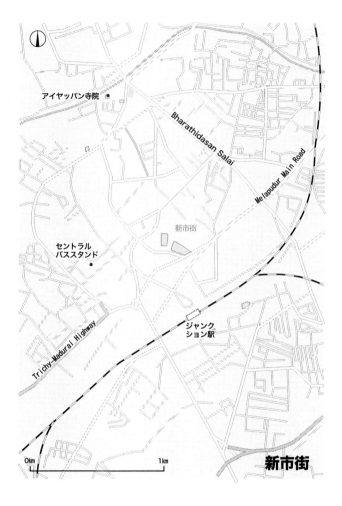

南インド

ガンジー・マーケット Gandhi Market ［★☆☆］

ティルチラパッリ旧市街の南端に広がるガンジー・マーケット。日用雑貨品などを扱う卸売市場となっている。

テッパクラム・タンク Teppakulam Tank ［★☆☆］

ロック・フォートの西側に残る貯水池テッパクラム・タンク。池の中央には小さな祠堂が浮かぶように立つ。

▲左 ロック・フォートの西麓に立つ聖母ルルド教会。　▲右　さまざまな宗教の人が一堂に会する

聖母ルルド教会 Lourde's Church ［★★☆］

高さ60m、ゴシック様式のたたずまいを見せる聖母ルルド教会。南インドはキリスト教徒の多い土地柄として知られ、近代以来、ティルチラパッリはタミル地方のキリスト教布教の拠点となってきた（この教会は19世紀に建てられた）。18世紀にティルチラパッリの布教にあたった宣教師ベスキは、タミル人の文化を尊重しながら、キリスト教の教えを説き、社会的な立場の低かった人々が多く改宗した。

INDIA
南インド

ティルチラパッリゆかりの科学者

1930年、ノーベル物理学賞を受容したチャンドラセカール・ラマンは1888年にティルチラパッリで生まれた。数学と物理の講師をつとめる父親をもち、自身はマドラス大学で学んで、振動や音、光に関する研究を続けた。またロケットや核開発、宇宙開発にたずさわったアブドゥル・カラームは、ラーメシュワラムの貧しい家庭に生まれ、青年時代、姉たちの資金援助でティルチラパッリの聖ジョセフ・カレッジに通ったという経緯がある（聖母ルルド教会に隣接する）。

【MEMO】

南インド

ウライユール Uraiyur [★☆☆]

ティルチラパッリ旧市街の西側に広がるウライユール。紀元前後、ティルチラパッリにおかれていたチョーラ朝の都ウライユールに由来する。東側の旧市街とともに織物業が盛んな街として知られる。

ヴェッカーリ・アンマン寺院
Vekkali Amman Temple [★☆☆]

ティルチラパッリ地方土着の女神をまつるヴェッカーリ・アンマン寺院（アンマンは「母神」を意味する）。タミルナー

▲左　立派なお腹、髭、ターバン男性の人形。　▲右　多くの人が行き交う旧市街のバザール

ドゥ屈指の伝統をもつ寺院とされ、この女神はウライユールを都とした古代チョーラ朝の守護神だった。こうした事情から、北インドから伝わった正統ヒンドゥー教とは異なる要素を残し、非バラモンの司祭が営んでいるという。

アイヤッパン寺院 Ayyappan Temple［★☆☆］

南インド特有の信仰が見られるアイヤッパン寺院。アイヤッパン神は「シヴァ神とヴィシュヌ神ふたりの子ども」で、ケーララ州やタミルナードゥ州で信仰されている。

南インド

ナタルシャ廟 Natharsha Dargah［★☆☆］

ナタルシャ廟は、この地方で布教を行なったイスラム聖者廟。インドでもっとも古いイスラム聖者廟のひとつで、1000年以上前に創建されたという（イスラム聖者の布教がインドのイスラム化に貢献した）。白亜の建築本体に、たまねぎ状のドームを屋根に載せている。

**Guide,
Srirangam**

シュリーランガム
城市案内

INDIA
南インド

ティルチラパッリ北の中洲に立つ寺院都市シュリーランガム
この寺域のなかには5万人と言われる人が暮らし
異教徒は第4周壁まで入ることができる

シュリーランガム Srirangam ［★★★］

カーヴェリー河と支流コッリダム河にはさまれた東西30km、南北12kmの中洲シュリーランガム。インドでは古くから河の合流点や中洲は聖なる場所とされ、この地にはヴィシュヌ派の聖地ランガナータ寺院が立つ（シヴァ派のジャンブケーシュワラ寺院もあるが、ランガナータ寺院がシュリーランガム寺院と通称される）。寺院を中心に七重の周壁がめぐらされ、最外周南北878m、東西754mの巨大寺院複合を構成する。内側の4周が寺域、外の3周が門前町で、金細工職人、花屋、楽師などが職業ごとに居住区をつくり、集会所や教育施設も

▲左 シュリーランガムを訪れていた男性たち、ズボンとルンギという異なるスタイル。　▲右　寺院が都市になった、ランガナータ・スワーミ寺院

備える。

ランガナータ・スワーミ寺院
Sri Ranganathaswamy Temple ［★★★］

蛇神に横たわるヴィシュヌ神像がまつられているランガナータ・スワーミ寺院（ヴィシュヌ神は原初の海で、大蛇に横たわり、世界の構想を夢想しながら眠るという）。11～12世紀の宗教家ラーマヌージャがこの寺院で活動し、寺院の運営組織を整えたと伝えられる。上部にはかまぼこ型の黄金屋根を載せ、連なるゴープラの中心となっている。

【地図】シュリーランガム

【地図】シュリーランガムの [★★★]
- [ ] シュリーランガム Srirangam
- [ ] ランガナータ・スワーミ寺院 Sri Ranganathaswamy Temple
- [ ] ロック・フォート Rock Fort

【地図】シュリーランガムの [★★☆]
- [ ] カーヴェリー河 Kaveri River
- [ ] ジャンブケーシュワラ寺院 Jambukeswara Temple

【地図】シュリーランガムの [★☆☆]
- [ ] アンマ・マンダパ Amma Mandapam

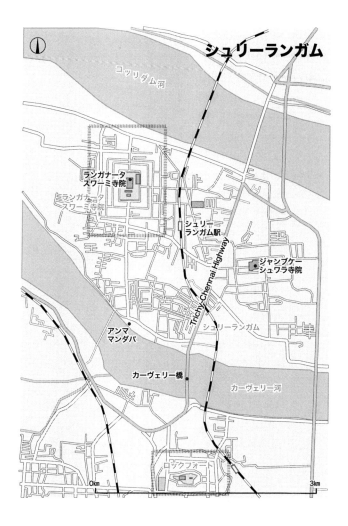

【地図】ランガナータ寺院

【地図】ランガナータ寺院の [★★★]
- [ ] シュリーランガム Srirangam
- [ ] ランガナータ・スワーミ寺院 Sri Ranganathaswamy Temple

【地図】ランガナータ寺院の [★★☆]
- [ ] ランガヴィラサ・マンダパ Rangavilas Mandapa
- [ ] シェーシャギリ王のマンダパ Seshagiri Mandapam
- [ ] 千柱殿 Thousand Pillar Mandapam

ランガナータ寺院

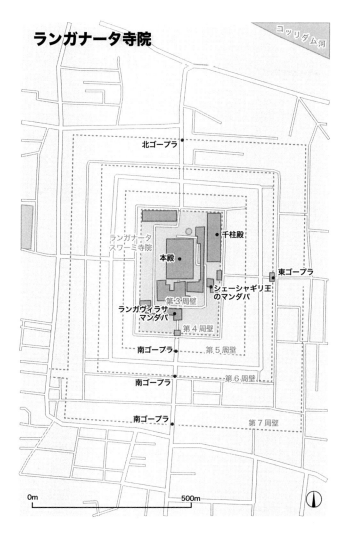

INDIA
南インド

▲左　信仰と生活が一体となった寺院都市のたたずまい。　▲右　ランガヴィラサ・マンダパの屋根からは連なるゴープラが見える

ランガヴィラサ・マンダパ Rangavilas Mandapa [★★☆]

本殿から見て4周目の周壁南側に立つランガヴィラサ・マンダパ。屋根のうえにのぼることができ、そこからはゴープラが連なる様子、また本殿の金色屋根が見える。

シェーシャギリ王のマンダパ
Seshagiri Mandapam [★★☆]

16世紀に建てられたシェーシャギリ王のマンダパ。マンダパ内には104本の柱が立ち、兵士を乗せた馬の彫刻がほどこされている。

【MEMO】

INDIA
南インド

千柱殿 Thousand Pillar Mandapam［★★☆］

シュリーランガム寺院の北東隅に立つ千柱殿。花崗岩の柱が953本立つことから名づけられ、柱各々には繊細な彫刻がほどこされている。この寺院最大の東西49m、南北152mの規模をもち、ヴァイクンタ・エーカーダシ祭のときこのマンダパ付近に多くの巡礼者が集まる（千本柱の祠堂はヴィジャヤナガル朝時代に確立された）。

インド
宇宙と
熱烈信仰

INDIA 南インド

インドにある108つのヴィシュヌ派聖地のなかでも
シュリーランガムは南インド屈指の規模を誇る
毎日、多くの人々がこの中洲へ巡礼に訪れる

ヒンドゥー理念を具現化

ヒンドゥー教では、宇宙の中心にメール山がそびえ、その周囲に大陸と海が広がり、7つの世界を構成すると信じられている。こうした曼荼羅やヒンドゥーの宇宙観は寺院設計や都市の構成でも生かされ、シュリーランガムはもっとも完全なかたちを残す寺院都市だとされる（古代の『ヴァーストゥプルシャ・マンダラ』には理想の都市について記されている）。中央の本殿から同心方形状に外側に続いていく様子は、世界へ広がる神の力や作用に重なるという。

Tiruchirappalli インド宇宙と熱烈信仰

周壁とゴープラ

中世以降、イスラムの統治を受けた北インドに対して、南インドではヒンドゥー王朝が持続し、ヒンドゥー寺院が独自の進化をとげた。南方型寺院では本殿を囲む「周壁」と巨大な「門塔ゴープラ」が発展したが、シュリーランガムは七重の「周壁」と 21 の「門塔ゴープラ」で構成される（マドゥライやチダンバラムなどの都市は四重の周壁）。本殿から東西南北に道路が伸び、寺域は生きもののように 1000 年間、外側に拡大を続け、高さ 72m の南ゴープラは 1987 年に完成した。外側の周壁ほど長く、ゴープラはより高い。

INDIA
南インド

ヴィシュヌ神が南を向いているわけ

シュリーランガムの本殿は、大昔、ブラフマー神の苦行によって大海から出現し、アヨーディヤーのラーマ王子のもとにあった。この本殿は、ラーマ王子からランカー島より戴冠式に駆けつけたヴィビーシャナ（ラーヴァナの弟）にあたえられたが、ヴィビーシャナがスリランカへの帰途にカーヴェリー河で休息すると、本殿は地面からぴくりとも動かなくなった。そのとき、ヴィシュヌ神は聖なるカーヴェリー河のほとりに棲むのが望みで、ヴィビーシャナのためにスリランカの方向（南）に顔を向けて横たわることを告げた。そのた

▲左　神々に捧げる花が売られている。　▲右　異教徒は途中までしか進むことができない

め一般的なヒンドゥー寺院が太陽ののぼる東に向かっているのに対し、シュリーランガムは南を向いているのだという。

ヒンドゥー諸王朝のもとで発展

シュリーランガムは1～3世紀の古代タミルのサンガム文学でも歌われ、7世紀ごろのバクティ詩人にも言及されている。この聖地が寺院都市として拡大しはじめるのは11世紀のチョーラ朝の時代からで、以後、13世紀のホイサラ朝、14世紀のパーンディヤ朝といったヒンドゥー諸王朝のもと寺院への寄進が続いた（14世紀、イスラム軍によって陥落する

INDIA
南インド

こともあったが、普遍的なヒンドゥー理念のもと寺院は発展した)。こうしたのち、14〜15世紀のヴィジャヤナガル時代と、続く16〜17世紀のナーヤカ朝の時代に現在の姿になり、寺域の拡大は20世紀まで続いた。

Guide, Srirangam 2
続シュリーランガム城市案内

INDIA
南インド

タミル平原を潤す長さ802kmのカーヴェリー河
その中洲に広がるシュリーランガムにはもうひとつの聖域
シヴァ派のジャンブケーシュワラ寺院も残る

カーヴェリー河 Kaveri River ［★★☆］

西ガーツ山脈からタミル平原にいたり、ベンガル湾へ流れていくカーヴェリー河。「ダクシン・ガンガー（南のガンジス河）」とも呼ばれる神聖な河で、シュリーランガムはその中洲に位置する。ティルチラパッリ北東郊外のグランド・アニカットで分水されて南インド有数の豊かなデルタ地帯をつくり、周囲には田園が続く。主流コッリダム河に対して、本流のカーヴェリー河は今は小さな流れとなっている。

▲左　もうひとつの聖地、ジャンブケーシュワラ寺院。　▲右　踊るシヴァ神、生命力を象徴する

アンマ・マンダパ Amma Mandapam ［★☆☆］

ランガナータ寺院の南側、カーヴェリー河に面するアンマ・マンダパ。人々が沐浴するガートとなっていて、ここで身を清めてから寺院へ向かう巡礼者が見られる（聖なる河の水を浴びると、身も心も清められると信じられている）。

ジャンブケーシュワラ寺院
Jambukeswara Temple ［★★☆］

ランガナータ寺院の2.5km東に立ち、シヴァ派のジャンブケーシュワラ寺院（ランガナータ寺院がヴィシュヌ神をまつる

INDIA
南インド

のに対してこちらはシヴァ神をまつる)。「水のリンガ(アープ・リンガ)」を安置する本殿を中心に五重の周壁をめぐらせ、寺域にバザールや住区を備える寺院都市となっている。これらの寺院複合体は17世紀のナーヤカ朝時代に創建され、7つの門塔ゴープラがそびえている。寺院名となったジャンブケーシュワラとは「シヴァ神の聖なる樹木」のことで、ヒンドゥー神話ではメール山の南にジャンブ樹の大陸が位置する。

Guide, Around Tiruchirappalli
郊外
城市案内

INDIA
南インド

カーヴェリー河が育んだ肥沃な土壌
ティルチラパッリ近郊は、南インド有数の穀倉地帯でもある
またチョーラ朝時代の遺構が郊外に点在する

グランド・アニカット Grand Anicut [★☆☆]

カーヴェリー河の流れを下流の平野に行き渡らせる長さ300mの灌漑施設グランド・アニカット（アニカットは、タミル語で「ダム」）。古代チョーラ朝の時代につくられたとも言われ、その後の11〜12世紀のチョーラ朝、近代のイギリスとダムの整備は続いた。ティルチラパッリから北東14kmに位置し、2000年に渡ってこの地域を豊かな穀倉地帯にしてきた（古代チョーラ朝はスリランカへ進出し、スリランカの技術者によって灌漑技術が伝わったという）。

Tiruchirappalli 郊外城市案内

河の水量をめぐる争い

カーヴェリー河はカルナータカ州からタミルナードゥ州へと州をまたいで流れる。下流デルタ地帯のタミル農民が古くからこの水を農業用水に利用してきたのに対し、近代以降、上流のマイソール国でも灌漑が進み、19世紀に水の取分をめぐる問題が発生した（マイソールの農地開発にともない、下流のティルチラパッリでは二毛作ができなくなった）。このときは下流のイギリス・マドラス管区とマイソールのあいだでとり決めが交わされたが、20世紀なかごろから再び問題が起こった。飛躍的な成長を見せるバンガロールの水不足を

INDIA
南インド

補うため、それまでのアルカヴァティ河に加えて、カーヴェリー河の水を引くようになり、タミルナードゥ州とカルナータカ州の政治、産業、農業など幅広い人々を巻きこむ争いへと発展した。

ティルチラパッリの農業

ある決まった時期にまとまって雨の降るインドでは、モンスーンの水を利用した貯水池、灌漑、井戸水による農業が行なわれてきた（降雨が農業に大きく左右し、その量が小麦やとうもろこしなど地域ごとの主食を決めている）。カーヴェ

▲左　山のように野菜が積まれている、バザールのにぎわい。　▲右　タミル語で書かれた看板

リー河の豊かな水が利用できるカーヴェリー・デルタは1年で二度の収穫ができ、南インド有数の穀倉地帯にあげられる。ティルチラパッリには有力農民カースト、ヴェラーラが多く暮らすほか、19〜20世紀初頭にかけて多くの農業労働者をマレーシアやスリランカに送り出してきた。

シュリーニヴァー・サナルール Srinivasanallur ［★☆☆］

ティルチラパッリから北西50kmに位置するシュリーニヴァー・サナルール。このあたりは7世紀、パッラヴァ朝マヘンドラヴァルマン1世の時代から開け、続くチョーラ朝初

【MEMO】

INDIA
南インド

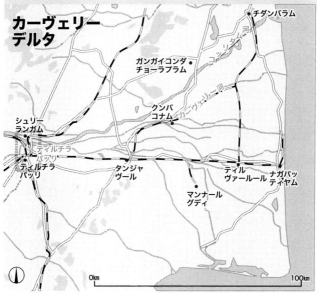

期に建てられたコランガナータ寺院が残る(コランガナータとは「猿の王」を意味する)。繊細な彫像や浮き彫りで寺院壁面は彩られている。

サマヤプラム Samayapuram [★☆☆]

ティルチラパッリ北東のサマヤプラムには、この地域有数の伝統をもつ女神をまつったマーリ・アンマン寺院が残る。マーリ・アンマン女神は開運や病気回復の女神で、南インド中から巡礼者を集めている。またこの女神はヴィシュヌ神の妹とされ、シュリーランガムとサマヤプラムを結ぶコッリダム河

▲左　バナナの葉を皿代わりにして料理を食べる。　▲右　各方面への足がかりになるジャンクション駅

を越えてヴィシュヌ神が妹に会いにくるという祭りが行なわれている。

トゥライユール Thuraiyur ［★☆☆］

ティルチラパッリから北西に40kmに位置するトゥライユール。ヴィジャヤナガル時代のレッディ家の邸宅が残るほか、南インド有数の米穀集散地となっている。このあたりでは19世紀以降、耕作地が一気に拡大し、またスリランカなどへの移民を多く輩出してきた。

【地図】ティルチラパッリ郊外の ［★★☆］

- [ ] カーヴェリー河 Kaveri River

【地図】ティルチラパッリ郊外の ［★☆☆］

- [ ] グランド・アニカット Grand Anicut
- [ ] シュリーニヴァー・サナルール Srinivasanallur
- [ ] サマヤプラム Samayapuram
- [ ] トゥライユール Thuraiyur
- [ ] ナールッターマライ Narthamalai
- [ ] コドゥンバルール Kodumbalur

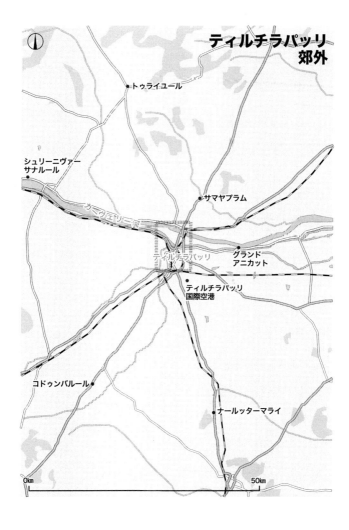

南インド

ナールッターマライ Narthamalai [★☆☆]

9世紀なかばのヴィジャヤーラヤ・チョーリーシュヴァラ寺院が残るナールッターマライ。岩山を背後に立つ石づくりの寺院は、パッラヴァ朝からチョーラ朝へと変遷する様式をもち、内部にはシヴァ・リンガが安置されている。カーンチプラムのパッラヴァ朝の臣下であったムッタライヤル家によって造営されたもので、9世紀、チョーラ朝はこのムッタライヤル家を破ってカーヴェリー・デルタの覇権をにぎった。

▲左 カーヴェリー河の恵みで育まれた。　▲右 女性が手足にほどこす装飾メヘンディにもちいる

コドゥンバルール Kodumbalur ［★☆☆］

ティルチラパッリ南西郊外のコドゥンバルールには、チョーラ朝初期のムーヴァル寺院が残っている。9世紀後半に建てられた石づくりの祠堂が3つならび、それらを周壁がとり囲んでいる（族長とふたりの妻のための祠堂だとされる）。この一帯に勢力を誇ったイッルックヴェール家によるもので、チョーラ朝の同盟者であったという。

城市の
うつり
かわり

「ダクシン・ガンガー（南のガンジス）」と呼ばれる
聖なるカーヴェリー河の恵みとともに発展したティルチラパッリ
タミル史を通じて要衝の地位を保ち続けてきた

古代（紀元前3世紀〜）

紀元前3世紀のアショカ王碑文にはチョーラ朝の名前が確認でき、その最初の都はティルチラパッリ（ウライユール）にあった。1〜3世紀にはチョーラ朝（ティルチラパッリ、タンジャヴール）、パーンディヤ（マドゥライ）、チェーラ（ケーララ）の3王国が争い、その様子は古代タミルのサンガム文学にも記されている。また2世紀ごろカリカーラ王はグランド・アニカットを造営し、カーヴェリー河の支流を使ってティルチラパッリやタンジャヴールはコロマンデル海岸の港と通じていた。この支流沿いからはローマ貨幣が出土し、当時、

INDIA
南インド

流通システムが確立していたことがうかがえる。

ヒンドゥー諸王朝（6〜13世紀）

タミル各地へ通じる交通の利や、人・もの・金の集まる聖地シュリーランガムがあるところから、ティルチラパッリは諸王朝の争奪の的となってきた。カーンチプラムに都をおいたパッラヴァ朝（590〜880年）、再興したチョーラ朝（880〜1225年）の領土となり、とくに11世紀のラージャラージャ1世はグランド・アニカットを整備し、ティルチラパッリを頂点とするカーヴェリー・デルタの隅々にまで水を行き

▲左　黄金に輝くシュリーランガムの本殿。　▲右　チャイを入れる店主、手慣れた技を見せる

渡らせた。その後、ティルチラパッリは13世紀にオリッサのガンガ朝、デカンのホイサラ朝、14世紀にマドゥライのパーンディヤ朝などの統治を受けたが、いずれの王朝もヒンドゥー教を保護し、聖地シュリーランガムの発展が続いた。

イスラム勢力とヴィジャヤナガル朝（14〜16世紀）

中世になるとイスラム勢力が中央アジアから北インドに繰り返し侵入し、1206年にデリー・サルタナット朝が樹立された。イスラムの遠征軍が1311年、1323年にシュリーランガムを占領するなど、ティルチラパッリは一時的にイスラム勢力の

INDIA
南インド

支配を受けることになった(シュリーランガムのヴィシュヌ神像は1371年までアーンドラ・プラデーシュ州ティルパティに避難していた)。こうした状況のなか、デカンにヒンドゥーのヴィジャヤナガル朝が起こり、14世紀なかごろにはイスラム勢力に代わってティルチラパッリの支配者となった。15〜16世紀の南インドではヒンドゥー文化の発展とともに、シュリーランガムの寺院が拡大し、現在の姿を見せるようになった。

ナーヤカ朝からムガル帝国（17〜18世紀）

ヴィジャヤナガルの地方長官ナーヤカは、15世紀ごろから独立状態となり、タミル地方ではタンジャヴール・ナーヤカとマドゥライ・ナーヤカが並立していた（シェンジのナーヤカも有力だった）。16〜18世紀、ティルチラパッリにはマドゥライ・ナーヤカ朝の都がおかれ、ロック・フォートが要塞化された。一方、17世紀には北インドからのムガル帝国の圧力が強まり、ムガル太守（アルコットのナワーブ）の女婿であったチャンダサーヒブが1736年、ティルチラパッリのナーヤカ政権を倒してマドゥライも勢力下においた。

INDIA
南インド

カーナティック戦争からイギリス（18〜20世紀）

第6代アウラングゼーブ帝が1707年になくなると、ムガル帝国の地方領主は独立状態となり、南インドではハイデラバードのニザーム（位）、アルコットのナワーブ（位）が有力となっていた。一方、16世紀以降、南インドへ進出していた西欧列強のなかでイギリスとフランスが覇権争いをし、ニザームとナワーブの跡継ぎ争いに両者が介入するという事態が続いていた。とくにティルチラパッリで、チャンダサーヒブとフランスの連合軍とイギリスのあいだで激戦が交わされ、フランスは難攻不落のロック・フォートを落とせず、

▲左　城門、旧市街はナーヤカ時代に整備された。　▲右　街角には現代的な店も登場した、チャイナ・バザールにて

1752年、チャンダサーヒブが処刑された。この戦いでイギリスに協力したマイソールは、ティルチラパッリの割譲を求めたがかなわず、1767年から四度に渡るマイソール戦争でイギリスに敗れた。1801年、イギリスは南インドの大部分を併合し、ティルチラパッリには徴税官ジョンワレスが派遣され、トリチノポリと呼ばれるようになった。

現代（20世紀〜）

近代、イギリスは「日の沈まぬ国」と呼ばれ、インド、スリランカ、東南アジア、南アフリカなどに植民地を抱えていた。

INDIA
南インド

こうしたなかマレー半島のゴム・プランテーションやスリランカのコーヒー、紅茶プランテーションにティルチラパッリから多くの労働者移民が送り出された（19世紀後半以降、大規模の単一商品作物農園が造営され、とくにカーストの低い人たちが海を渡った）。1947年のインド独立後、タミル人印僑を多く生んだ地縁、血縁もあってティルチラパッリと東南アジア、スリランカのあいだを多くのインド人が往来している。また現在、多くの外資企業がティルチラパッリに進出し、工業都市の顔も見せるようになった。

Tiruch'rappalli

城市のうつりかわり

参考文献

『インド世界の空間構造』(小倉泰 / 東京大学東洋文化研究所)

『南アジア史』(辛島昇編 / 山川出版社)

『世界歴史の旅南インド』(辛島昇 / 山川出版社)

『インド建築案内』(神谷武夫 /TOTO 出版)

『超領域交流史の試み』(川村信三編 / 上智大学出版)

『インドの州際河川の水利用』(多田博一 / 東洋研究)

『一タミル農村の社会変容』(原忠彦 / 民族學研究)

『世界大百科事典』(平凡社)

まちごとパブリッシングの旅行ガイド
Machigoto INDIA , Machigoto ASIA , Machigoto CHINA

【北インド - まちごとインド】

001 はじめての北インド
002 はじめてのデリー
003 オールド・デリー
004 ニュー・デリー
005 南デリー
012 アーグラ
013 ファテープル・シークリー
014 バラナシ
015 サールナート
022 カージュラホ
032 アムリトサル

【西インド - まちごとインド】

001 はじめてのラジャスタン
002 ジャイプル
003 ジョードプル
004 ジャイサルメール
005 ウダイプル
006 アジメール(プシュカル)
007 ビカネール
008 シェカワティ
011 はじめてのマハラシュトラ
012 ムンバイ
013 プネー
014 アウランガバード
015 エローラ
016 アジャンタ
021 はじめてのグジャラート
022 アーメダバード
023 ヴァドダラー(チャンパネール)

024 ブジ(カッチ地方)

【東インド - まちごとインド】

002 コルカタ
012 ブッダガヤ

【南インド - まちごとインド】

001 はじめてのタミルナードゥ
002 チェンナイ
003 カーンチプラム
004 マハーバリプラム
005 タンジャヴール
006 クンバコナムとカーヴェリー・デルタ
007 ティルチラパッリ
008 マドゥライ
009 ラーメシュワラム
010 カニャークマリ
021 はじめてのケーララ
022 ティルヴァナンタプラム
023 バックウォーター(コッラム〜アラップーザ)
024 コーチ(コーチン)
025 トリシュール

【ネパール - まちごとアジア】

001 はじめてのカトマンズ
002 カトマンズ
003 スワヤンブナート

004 パタン
005 バクタプル
006 ポカラ
007 ルンビニ
008 チトワン国立公園

【バングラデシュ - まちごとアジア】

001 はじめてのバングラデシュ
002 ダッカ
003 バゲルハット（クルナ）
004 シュンドルボン
005 プティア
006 モハスタン（ボグラ）
007 パハルプール

【パキスタン - まちごとアジア】

002 フンザ
003 ギルギット（KKH）
004 ラホール
005 ハラッパ
006 ムルタン

【イラン - まちごとアジア】

001 はじめてのイラン
002 テヘラン
003 イスファハン
004 シーラーズ
005 ペルセポリス
006 パサルガダエ（ナグシェ・ロスタム）
007 ヤズド
008 チョガ・ザンビル（アフヴァーズ）
009 タブリーズ

010 アルダビール

【北京 - まちごとチャイナ】

001 はじめての北京
002 故宮（天安門広場）
003 胡同と旧皇城
004 天壇と旧崇文区
005 瑠璃廠と旧宣武区
006 王府井と市街東部
007 北京動物園と市街西部
008 頤和園と西山
009 盧溝橋と周口店
010 万里の長城と明十三陵

【天津 - まちごとチャイナ】

001 はじめての天津
002 天津市街
003 浜海新区と市街南部
004 薊県と清東陵

【上海 - まちごとチャイナ】

001 はじめての上海
002 浦東新区
003 外灘と南京東路
004 淮海路と市街西部
005 虹口と市街北部
006 上海郊外（龍華・七宝・松江・嘉定）
007 水郷地帯（朱家角・周荘・同里・甪直）

【河北省 - まちごとチャイナ】

001 はじめての河北省
002 石家荘
003 秦皇島
004 承徳
005 張家口
006 保定
007 邯鄲

【江蘇省 - まちごとチャイナ】

001 はじめての江蘇省
002 はじめての蘇州
003 蘇州旧城
004 蘇州郊外と開発区
005 無錫
006 揚州
007 鎮江
008 はじめての南京
009 南京旧城
010 南京紫金山と下関
011 雨花台と南京郊外・開発区
012 徐州

【浙江省 - まちごとチャイナ】

001 はじめての浙江省
002 はじめての杭州
003 西湖と山林杭州
004 杭州旧城と開発区
005 紹興
006 はじめての寧波
007 寧波旧城
008 寧波郊外と開発区
009 普陀山

010 天台山
011 温州

【福建省 - まちごとチャイナ】

001 はじめての福建省
002 はじめての福州
003 福州旧城
004 福州郊外と開発区
005 武夷山
006 泉州
007 厦門
008 客家土楼

【広東省 - まちごとチャイナ】

001 はじめての広東省
002 はじめての広州
003 広州古城
004 天河と広州郊外
005 深圳(深セン)
006 東莞
007 開平(江門)
008 韶関
009 はじめての潮汕
010 潮州
011 汕頭

【遼寧省 - まちごとチャイナ】

001 はじめての遼寧省
002 はじめての大連
003 大連市街
004 旅順
005 金州新区

006 はじめての瀋陽
007 瀋陽故宮と旧市街
008 瀋陽駅と市街地
009 北陵と瀋陽郊外
010 撫順

【重慶 - まちごとチャイナ】

001 はじめての重慶
002 重慶市街
003 三峡下り（重慶〜宜昌）
004 大足

【香港 - まちごとチャイナ】

001 はじめての香港
002 中環と香港島北岸
003 上環と香港島南岸
004 尖沙咀と九龍市街
005 九龍城と九龍郊外
006 新界
007 ランタオ島と島嶼部

【マカオ - まちごとチャイナ】

001 はじめてのマカオ
002 セナド広場とマカオ中心部
003 媽閣廟とマカオ半島南部
004 東望洋山とマカオ半島北部
005 新口岸とタイパ・コロアン

【Juo-Mujin（電子書籍のみ）】

Juo-Mujin 香港縦横無尽
Juo-Mujin 北京縦横無尽
Juo-Mujin 上海縦横無尽

【自力旅游中国 Tabisuru CHINA】

001 バスに揺られて「自力で長城」
002 バスに揺られて「自力で石家荘」
003 バスに揺られて「自力で承徳」
004 船に揺られて「自力で普陀山」
005 バスに揺られて「自力で天台山」
006 バスに揺られて「自力で秦皇島」
007 バスに揺られて「自力で張家口」
008 バスに揺られて「自力で邯鄲」
009 バスに揺られて「自力で保定」
010 バスに揺られて「自力で清東陵」
011 バスに揺られて「自力で潮州」
012 バスに揺られて「自力で汕頭」
013 バスに揺られて「自力で温州」

【車輪はつばさ】
南インドのアイラヴァテシュワラ寺院には建築本体に車輪がついていて寺院に乗った神さまが人びとの想いを運ぶと言います。

・本書はオンデマンド印刷で作成されています。
・本書の内容に関するご意見、お問い合わせは、発行元の
　まちごとパブリッシング info@machigotopub.com までお願いします。

まちごとインド
南インド007ティルチラパッリ
〜ロック・フォートと「シュリーランガム」［モノクロノートブック版］

2017年11月14日　発行

著　者	「アジア城市（まち）案内」制作委員会
発行者	赤松　耕次
発行所	まちごとパブリッシング株式会社 〒181-0013　東京都三鷹市下連雀4-4-36 URL http://www.machigotopub.com/
発売元	株式会社デジタルパブリッシングサービス 〒162-0812　東京都新宿区西五軒町11-13 清水ビル3F
印刷・製本	株式会社デジタルパブリッシングサービス URL http://www.d-pub.co.jp/

MP038

ISBN978-4-86143-172-2 C0326　　　　Printed in Japan
本書の無断複製複写（コピー）は、著作権法上での例外を除き、禁じられています。